Impressum
Verlag: BABADADA GmbH, Nedderfeld 112 , 22529 Hamburg
Geschäftsführer / Verlagsleitung: Harald Hof
Druck: Books on Demand GmbH, In de Tarpen 42, 22848 Norderstedt

Imprint
Publisher: BABADADA GmbH, Nedderfeld 112 , 22529 Hamburg, Germany
Managing Director / Publishing direction: Harald Hof
Print: Books on Demand GmbH, In de Tarpen 42, 22848 Norderstedt

學校

die Schule

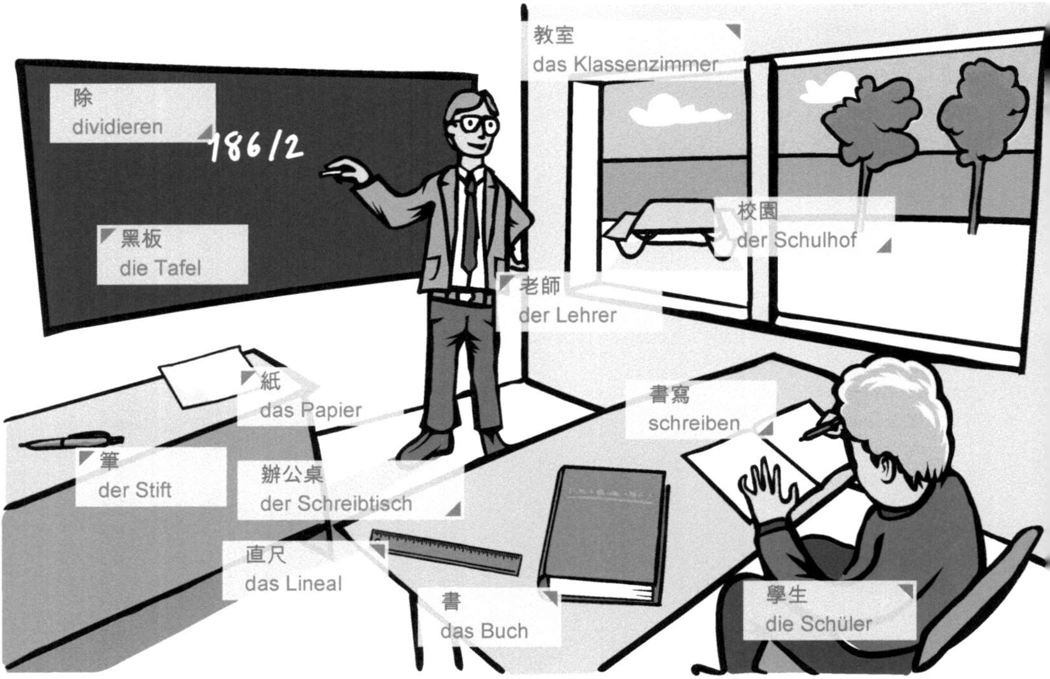

教室
das Klassenzimmer
除
dividieren
186/2
黑板
die Tafel
校園
der Schulhof
老師
der Lehrer
紙
das Papier
書寫
schreiben
筆
der Stift
辦公桌
der Schreibtisch
直尺
das Lineal
書
das Buch
學生
die Schüler

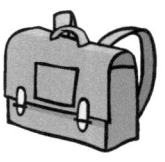

書包

die Schultasche

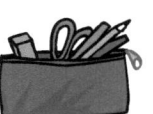

鉛筆盒

die Federmappe

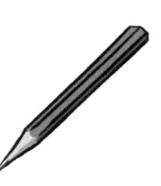

鉛筆

der Bleistift

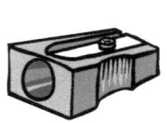

削鉛筆機

der Bleistiftspitzer

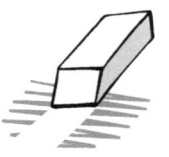

橡皮擦

der Radierer

畫板

der Zeichenblock

圖畫
die Zeichnung

畫筆
der Pinsel

顏料盒
der Malkasten

剪刀
die Schere

膠水
der Klebstoff

練習冊
das Übungsheft

家庭作業
die Hausübung

12

數字
die Zahl

2+2

加
addieren

5-2

減
subtrahieren

2×2

乘
multiplizieren

計算
rechnen

A

字母
der Buchstabe

ABCDEFG
HIJKLMN
OPQRSTU
VWXYZ

字母表
das Alphabet

hello

字
das Wort

課文
der Text

讀
lesen

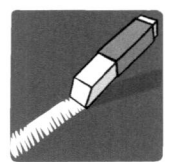

粉筆
die Kreide

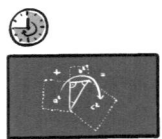

上課
die Unterrichtsstunde

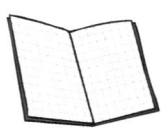

登記
das Klassenbuch

考試
die Prüfung

證書
das Zeugnis

校服
die Schuluniform

教育
die Ausbildung

百科全書
das Lexikon

大學
die Universität

顯微鏡
das Mikroskop

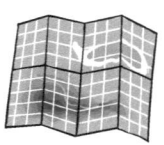

地圖
die Karte

廢紙簍
der Papierkorb

旅行

die Reise

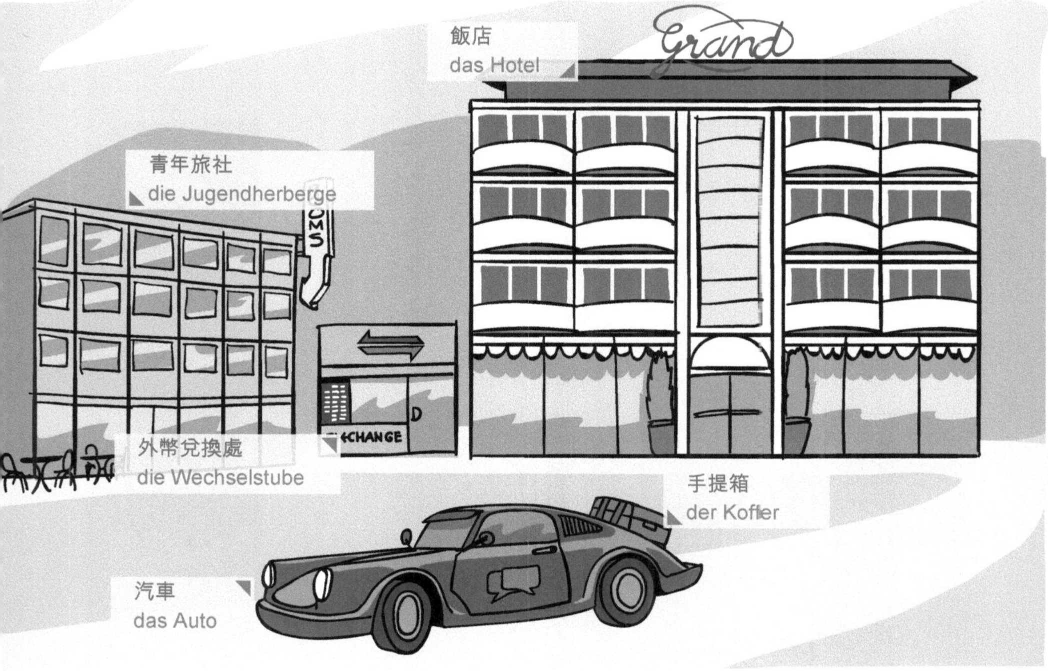
Grand
飯店
das Hotel
青年旅社
die Jugendherberge
外幣兌換處
die Wechselstube
手提箱
der Koffer
汽車
das Auto

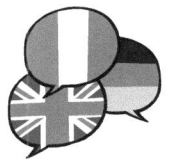

語言

die Sprache

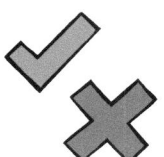

是/否

ja / nein

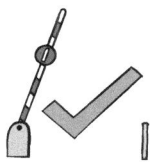

好的

Okay

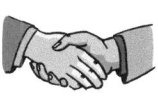

您好

Hallo

翻譯人員

die Dolmetscherin

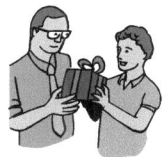

謝謝

Danke

……多少錢？

Wie viel kostet …?

我不明白

Ich verstehe nicht.

問題

das Problem

晚上好！

Guten Abend!

早上好！

Guten Morgen!

晚安！

Gute Nacht!

再見

Auf Wiederschaun!

方向

die Richtung

行李

das Gepäck

包

die Tasche

背包

der Rucksack

客人

der Gast

房間

das Zimmer

睡袋

der Schlafsack

帳篷

das Zelt

旅行資訊
die Touristeninformation

海灘
der Strand

信用卡
die Kreditkarte

早餐
das Frühstück

午餐
das Mittagessen

晚餐
das Abendessen

票
die Fahrkarte

電梯
der Lift

郵票
die Briefmarke

邊界
die Grenze

海關
der Zoll

大使館
die Botschaft

簽證
das Visum

護照
der Pass

交通運送
der Transport

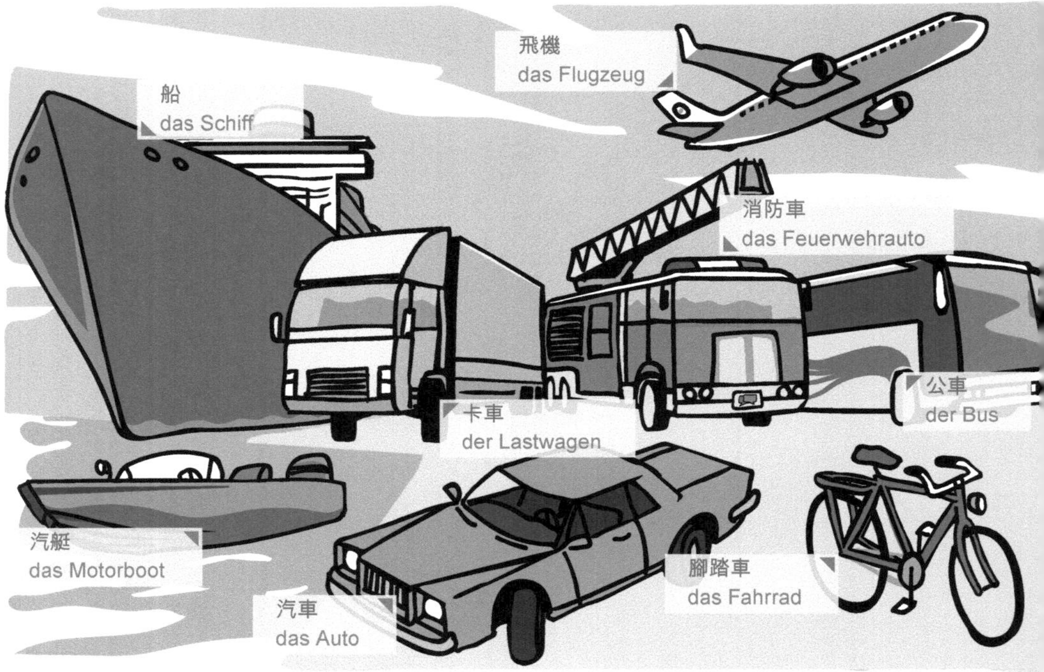
飛機
das Flugzeug
船
das Schiff
消防車
das Feuerwehrauto
公車
der Bus
卡車
der Lastwagen
汽艇
das Motorboot
腳踏車
das Fahrrad
汽車
das Auto

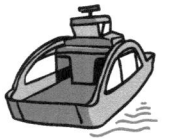

渡輪

die Fähre

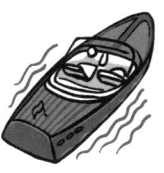

小船

das Boot

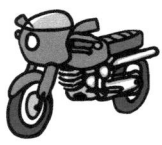

機車

das Motorrad

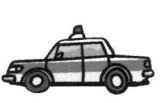

警車

das Polizeiauto

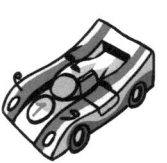

賽車

das Rennauto

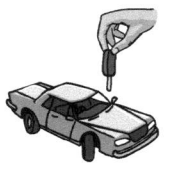

租車

der Mietwagen

拼車
das Carsharing

拖車
der Abschleppwagen

垃圾車
der Müllwagen

馬達
der Motor

汽油
der Kraftstoff

加油站
die Tankstelle

交通標識
das Verkehrsschild

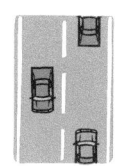

交通
der Verkehr

交通堵塞
der Stau

停車場
der Parkplatz

火車站
der Bahnhof

軌道
die Schienen

火車
der Zug

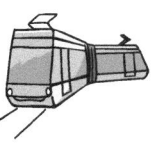

路面電車
die Straßenbahn

客車廂
der Wagon

直升機
der Hubschrauber

機場
der Flughafen

塔
der Tower

乘客
der Passagier

集裝箱
der Container

紙板箱
der Karton

手推車
der Rollwagen

籃子
der Korb

起飛/降落
starten / landen

城市
die Stadt

村莊
das Dorf

市中心
das Stadtzentrum

房子
das Haus

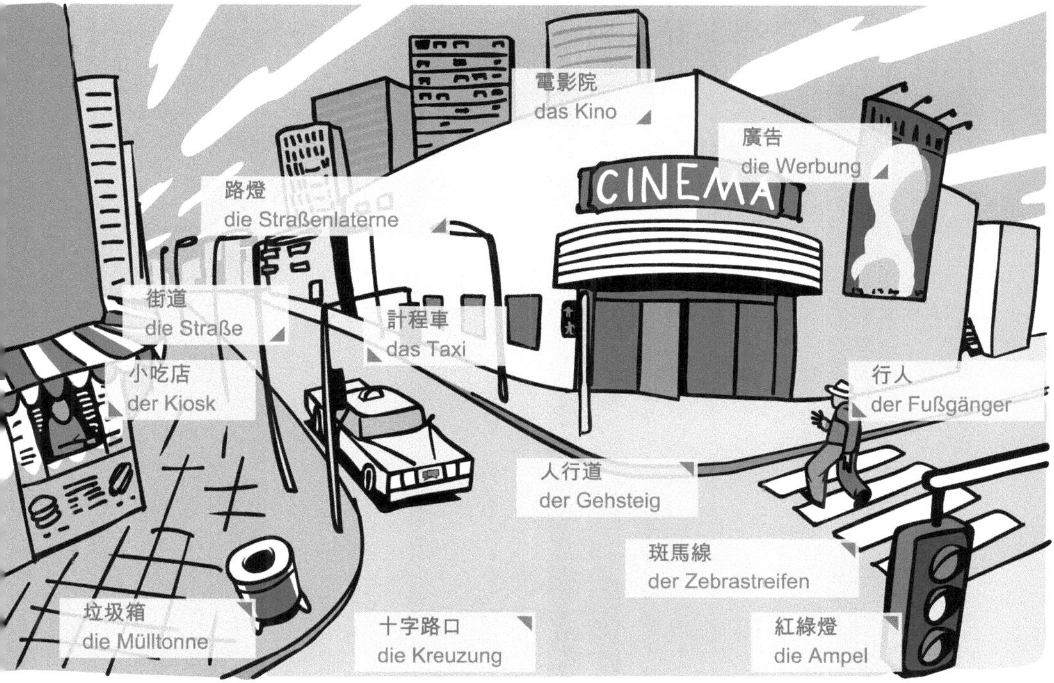

電影院
das Kino
廣告
die Werbung
CINEMA
路燈
die Straßenlaterne
街道
die Straße
計程車
das Taxi
小吃店
der Kiosk
行人
der Fußgänger
人行道
der Gehsteig
斑馬線
der Zebrastreifen
垃圾箱
die Mülltonne
十字路口
die Kreuzung
紅綠燈
die Ampel

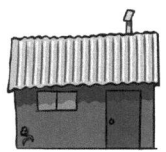

小屋

die Hütte

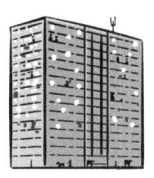

公寓

die Wohnung

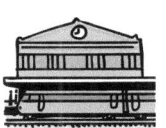

火車站

der Bahnhof

市政廳

das Rathaus

MUSEUM

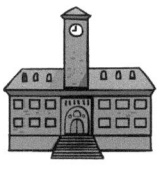

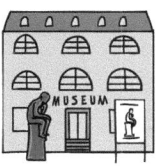

博物館

das Museum

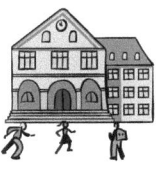

學校

die Schule

大學

die Universität

銀行

die Bank

醫院

das Spital

飯店

das Hotel

藥房

die Apotheke

辦公室

das Büro

書店

die Buchhandlung

商店

das Geschäft

花店

der Blumenladen

超市

der Supermarkt

市場

der Markt

百貨商店

das Kaufhaus

魚店

der Fischhändler

購物中心

das Einkaufszentrum

海港

der Hafen

城市 - die Stadt

公園

der Park

長凳

die Bank

橋

die Brücke

樓梯

die Stiege

捷運

die U-Bahn

隧道

der Tunnel

公車站

die Bushaltestelle

酒吧

die Bar

餐館

das Restaurant

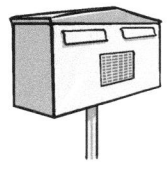

郵筒

der Briefkasten

路標

das Straßenschild

停車計時器

die Parkuhr

動物園

der Zoo

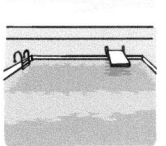

游泳池

die Badeanstalt

清真寺

die Moschee

農場

der Bauernhof

污染

die Umweltverschmutzung

基地

der Friedhof

教堂

die Kirche

操場

der Spielplatz

寺廟

der Tempel

地形

die Landschaft

樹葉
das Blatt

指示牌
der Wegweiser

路
der Weg

草地
die Wiese

石頭
der Stein

樹
der Baum

徒步旅行者
der Wanderer

河
der Fluss

草
das Gras

花
die Blume

峽谷

das Tal

丘陵

der Hügel

湖

der See

森林

der Wald

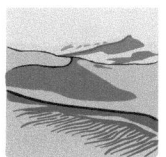

沙漠

die Wüste

火山

der Vulkan

城堡

das Schloss

彩虹

der Regenbogen

蘑菇

der Pilz

棕櫚樹

die Palme

蚊子

der Moskito

蒼蠅

die Fliege

螞蟻

die Ameise

蜜蜂

die Biene

蜘蛛

die Spinne

地形 – die Landschaft

甲蟲

der Käfer

青蛙

der Frosch

松鼠

das Eichhörnchen

刺蝟

der Igel

野兔

der Hase

貓頭鷹

die Eule

鳥

die Vogel

天鵝

der Schwan

野豬

das Wildschwein

鹿

der Hirsch

麋鹿

der Elch

水壩

der Staudamm

風力發電機

das Windrad

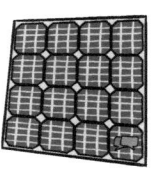

太陽能電池板

das Solarmodul

氣候

das Klima

餐館
das Restaurant

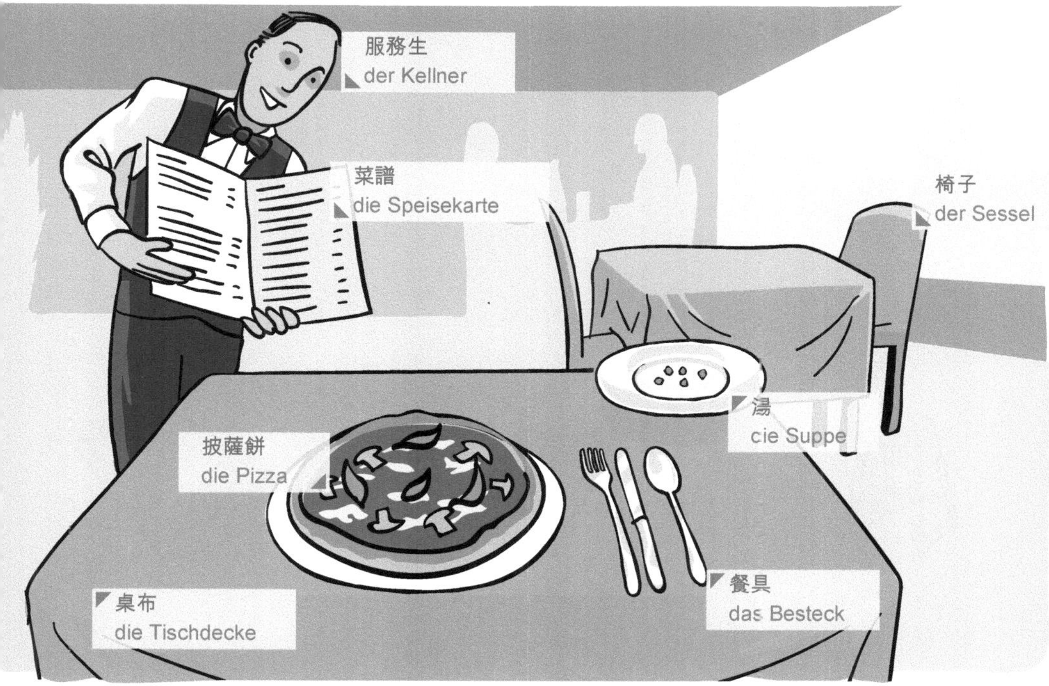

服務生
der Kellner
菜譜
die Speisekarte
椅子
der Sessel
湯
die Suppe
披薩餅
die Pizza
餐具
das Besteck
桌布
die Tischdecke

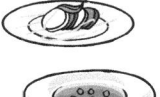

前菜

die Vorspeise

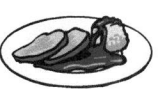

主菜

das Hauptgericht

甜點

die Nachspeise

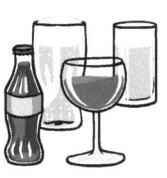

飲料

die Getränke

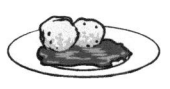

食物

das Essen

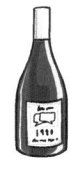

瓶子

die Flasche

速食

das Fastfood

街邊小吃

das Streetfood

茶壺

die Teekanne

糖盒

die Zuckerdose

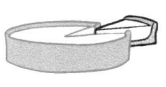

一份飯菜

die Portion

義式咖啡機

die Espressomaschine

高腳椅

der Kinderstuhl

帳單

die Rechnung

托盤

das Tablett

刀

das Messer

餐叉

die Gabel

勺子

der Löffel

茶匙

der Teelöffel

餐巾

die Serviette

玻璃杯

das Glas

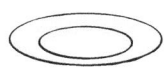

碟子

der Teller

湯盤

der Suppenteller

碟子

die Untertasse

醬

die Sauce

鹽瓶

der Salzstreuer

胡椒研磨罐

die Pfeffermühle

醋

der Essig

食用油

das Öl

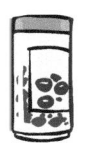

調味料

die Gewürze

番茄醬

das Ketchup

芥末

der Senf

美乃滋

die Mayonnaise

超市
der Supermarkt

特價
das Angebot
FOR
顧客
der Kunde
乳製品
die Milchprodukte
水果
das Obst
購物車
der Einkaufswagen

BUTCHERS

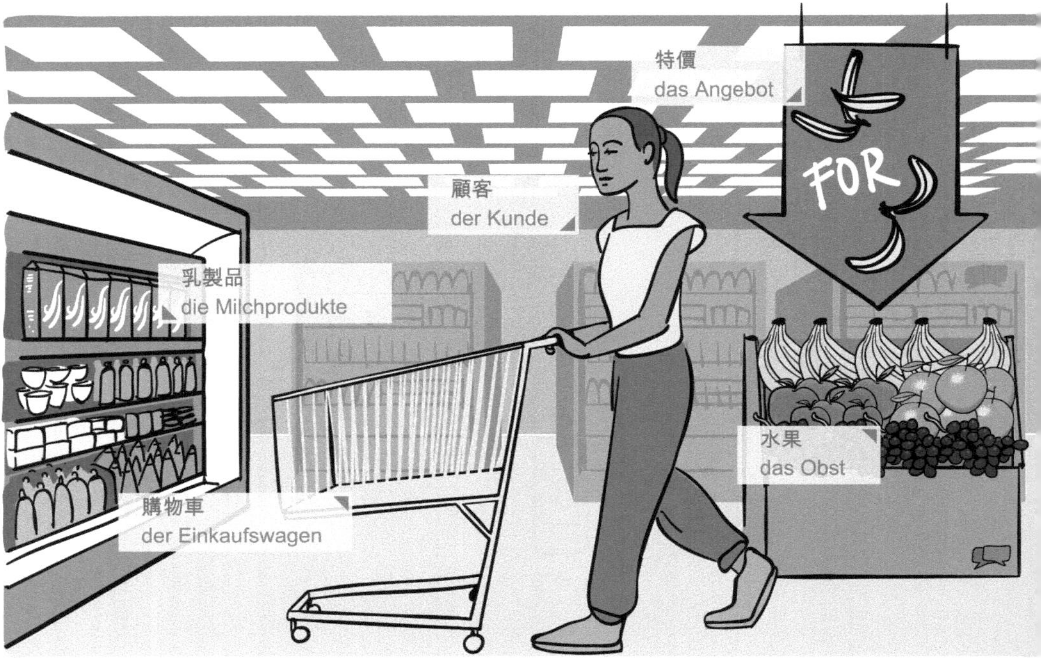

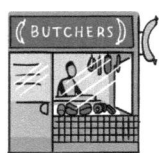

肉鋪

die Schlachterei

BAKERY

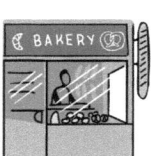

麵包店

die Bäckerei

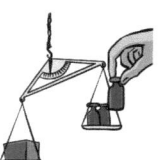

稱重

wiegen

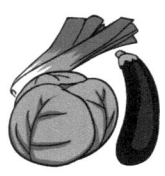

蔬菜

das Gemüse

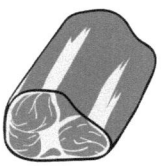

肉

das Fleisch

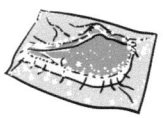

冷凍食品

die Tiefkühlkost

冷盤

der Aufschnitt

罐頭食品

die Konserven

洗衣粉

das Waschmittel

甜食

die Süßigkeiten

日用品

die Haushaltsartikel

清潔用品

das Reinigungsmittel

銷售員

die Verkäuferin

收銀機

die Kassa

收銀員

die Kassiererin

購物清單

die Einkaufsliste

開放時間

die Öffnungszeiten

錢包

die Brieftasche

信用卡

die Kreditkarte

袋子

die Tasche

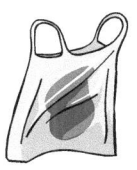

塑膠袋

die Plastiktüte

超市 - der Supermarkt

die Getränke

水
....
das Wasser

果汁
....
der Saft

牛奶
....
die Milch

可樂
....
die Cola

紅酒
....
der Wein

啤酒
....
das Bier

酒
....
der Alkohol

可可
....
der Kakao

茶
....
der Tee

咖啡
....
der Kaffee

義式濃縮咖啡
....
der Espresso

卡布奇諾
....
der Cappuccino

香蕉

die Banane

蘋果

der Apfel

柳丁

die Orange

西瓜

die Melone

檸檬

die Zitrone

胡蘿蔔

die Karotte

大蒜

der Knoblauch

竹子

der Bambus

洋蔥

die Zwiebel

蘑菇

der Pilz

堅果

die Nüsse

麵條

die Nudeln

義大利麵

die Spaghetti

米飯

der Reis

沙拉

der Salat

薯條

die Pommes frites

炸馬鈴薯

die Bratkartoffeln

披薩餅

die Pizza

漢堡

der Hamburger

三明治

das Sandwich

炸豬排

das Schnitzel

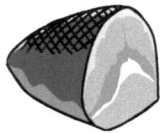

火腿

der Schinken

義大利臘腸

die Salami

香腸

die Wurst

雞肉

das Huhn

烤肉

der Braten

魚

der Fisch

燕麥片

die Haferflocken

木斯里

das Müsli

玉米片

die Cornflakes

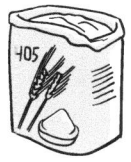

麵粉

das Mehl

牛角麵包

das Croissant

麵包捲

die Semmel

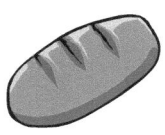

麵包

das Brot

吐司

der Toast

餅乾

die Kekse

奶油

die Butter

凝乳

der Topfen

蛋糕

der Kuchen

蛋

das Ei

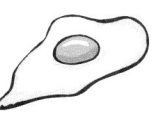

煎蛋

das Spiegelei

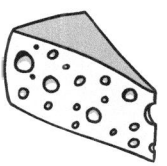

起司

der Käse

冰淇淋
die Eiscreme

糖
der Zucker

蜂蜜
der Honig

果醬
die Marmelade

巧克力醬
der Schokoladenaufstrich

咖哩
das Curry

農場
der Bauernhof

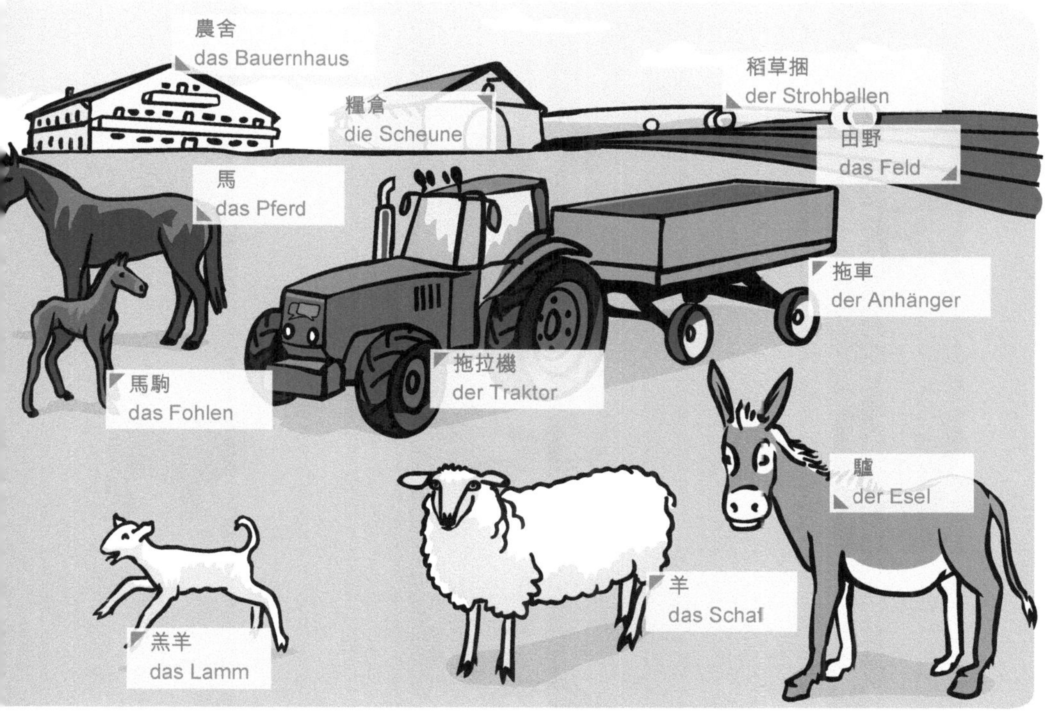

農舍
das Bauernhaus
糧倉
die Scheune
稻草捆
der Strohballen
田野
das Feld
馬
das Pferd
拖車
der Anhänger
拖拉機
der Traktor
馬駒
das Fohlen
驢
der Esel
羊
das Schaf
羔羊
das Lamm

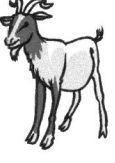

山羊

die Ziege

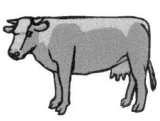

奶牛

die Kuh

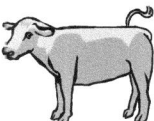

小牛

das Kalb

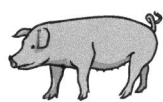

豬

das Schwein

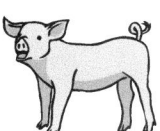

小豬

das Ferkel

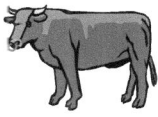

公牛

der Stier

鵝

die Gans

鴨

die Ente

小雞

das Küken

母雞

das Huhn

公雞

der Hahn

鼠

die Ratte

貓

die Katze

老鼠

die Maus

牛

der Ochse

狗

der Hund

狗屋

die Hundehütte

花園澆水軟管

der Gartenschlauch

澆水壺

die Gießkanne

長柄大鐮刀

die Sense

犁

der Pflug

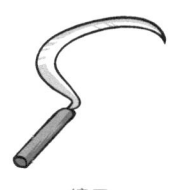

鐮刀

die Sichel

鋤頭

die Hacke

長柄草耙

die Mistgabel

斧頭

die Axt

獨輪手推車

die Schubkarre

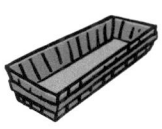

飼料槽

der Trog

牛奶罐

die Milchkanne

麻布袋

der Sack

柵欄

der Zaun

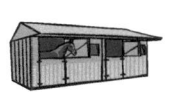

馬廄

der Stall

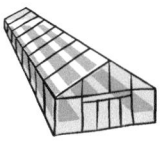

溫室

das Treibhaus

土壤

der Boden

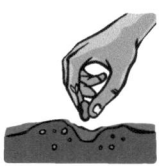

種子

die Saat

肥料

der Dünger

聯合收割機

der Mähdrescher

收割
ernten

收割
die Ernte

地瓜
die Yamswurzel

小麥
der Weizen

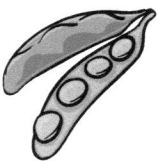

大豆
das Soja

土豆
der Erdapfel

玉米
der Mais

油菜籽
der Raps

果樹
der Obstbaum

樹薯
der Maniok

穀物
das Getreide

房子

das Haus

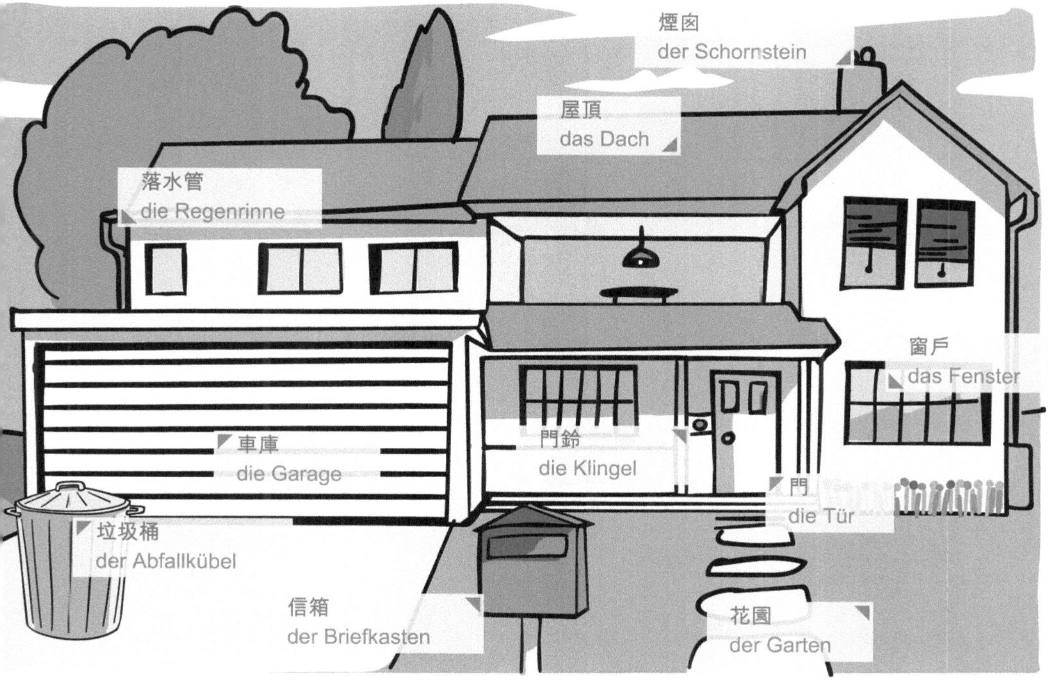

煙囪
der Schornstein
屋頂
das Dach
落水管
die Regenrinne
窗戶
das Fenster
車庫
die Garage
門鈴
die Klingel
門
die Tür
垃圾桶
der Abfallkübel
信箱
der Briefkasten
花園
der Garten

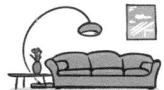

客廳

das Wohnzimmer

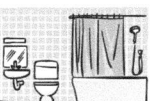

浴室

das Badezimmer

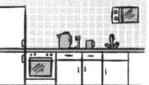

廚房

die Küche

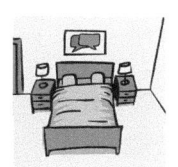

臥室

das Schlafzimmer

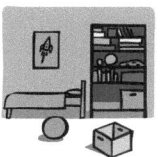

兒童房

das Kinderzimmer

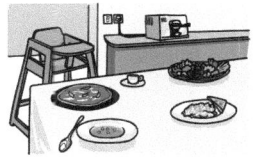

餐廳

das Esszimmer

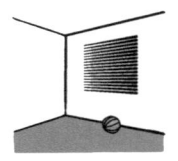

地板

der Boden

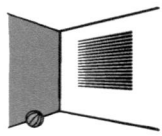

牆壁

die Wand

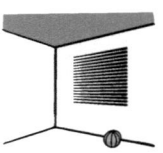

天花板

die Decke

地窖

der Keller

三溫暖

die Sauna

陽臺

der Balkon

露臺

die Terrasse

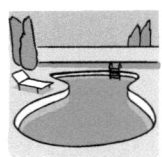

游泳池

das Schwimmbad

割草機

der Rasenmäher

被單

der Bettbezug

床罩

die Bettdecke

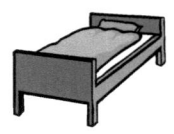

床

das Bett

掃帚

der Besen

水桶

der Kübel

開關

der Schalter

das Wohnzimmer

壁紙
die Tapete

相片
das Bild

檯燈
die Lampe

擱架
das Regal

櫥櫃
der Schrank

電視
der Fernseher

壁爐
der Kamin

花
die Blume

墊子
der Polster

沙發
das Sofa

花瓶
die Vase

遙控器
die Fernbedienung

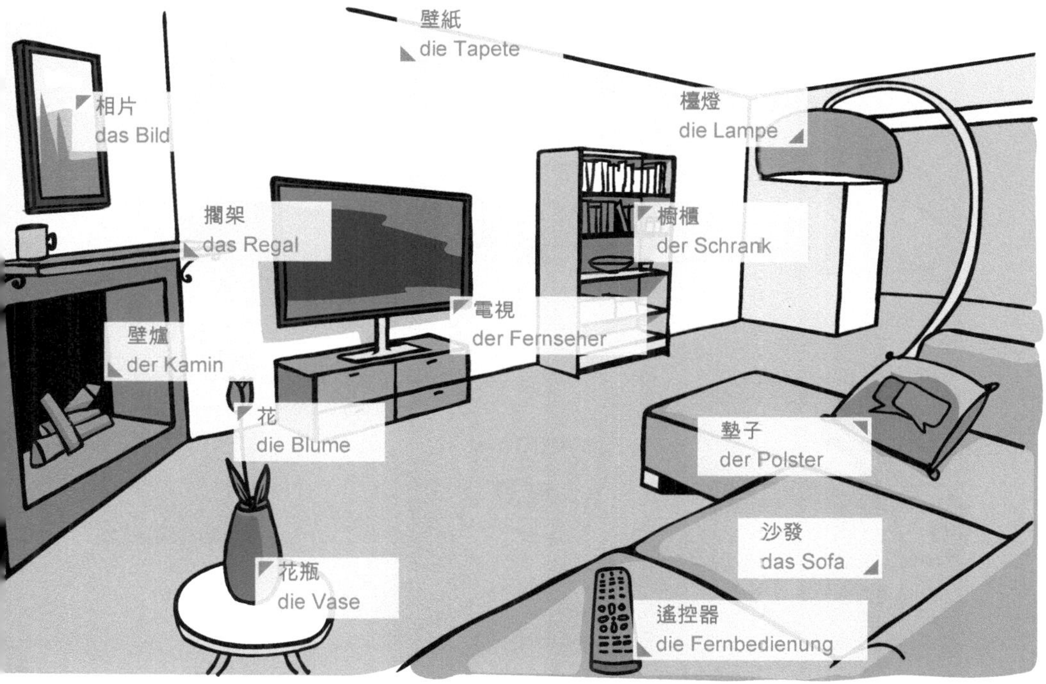

地毯
der Teppich

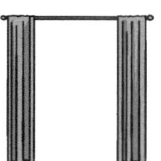

窗簾
der Vorhang

餐桌
der Tisch

椅子
der Sessel

搖椅
der Schaukelstuhl

扶手椅
der Sessel

書
das Buch

毯子
die Decke

裝飾品
die Dekoration

木柴
das Feuerholz

電影
der Film

高傳真音響
die Stereoanlage

鑰匙
der Schlüssel

報紙
die Zeitung

油畫
das Gemälde

海報
das Poster

收音機
das Radio

筆記本
der Notizblock

吸塵器
der Staubsauger

仙人掌
der Kaktus

蠟燭
die Kerze

廚房
die Küche

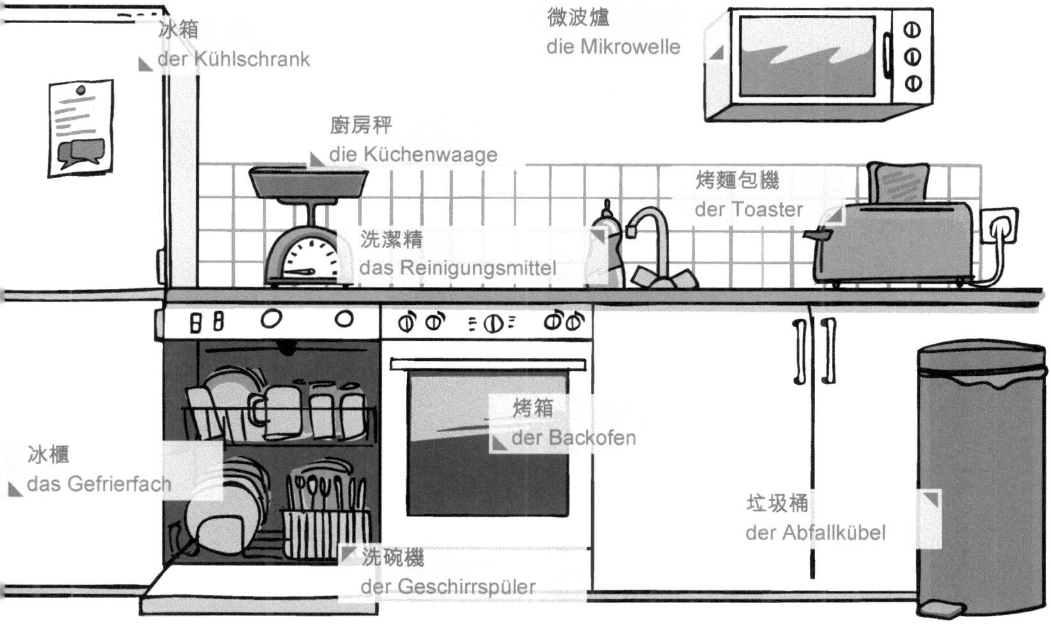
冰箱
der Kühlschrank
微波爐
die Mikrowelle
廚房秤
die Küchenwaage
烤麵包機
der Toaster
洗潔精
das Reinigungsmittel
烤箱
der Backofen
冰櫃
das Gefrierfach
垃圾桶
der Abfallkübel
洗碗機
der Geschirrspüler

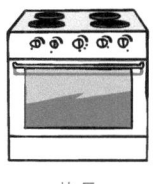

炊具
der Herd

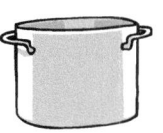

鍋
der Topf

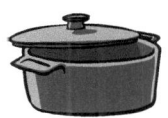

鑄鐵鍋
der Eisentopf

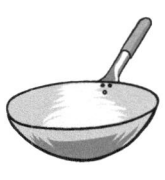

炒鍋
der Wok / Kadai

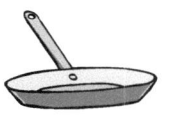

平底鍋
die Pfanne

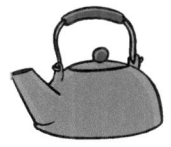

水壺
der Wasserkocher

蒸鍋

der Dampfgarer

烤盤

das Backblech

陶瓷鍋

das Geschirr

馬克杯

der Becher

碗

die Schale

筷子

die Essstäbchen

長柄勺

der Schöpflöffel

鏟子

der Pfannenwender

攪拌器

der Schneebesen

濾網

das Kochsieb

篩子

das Sieb

磨碎機

die Reibe

研缽

der Mörser

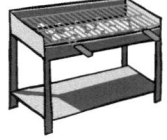

燒烤

der Grill

明火

das Kaminfeuer

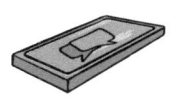

菜板

das Schneidebrett

擀麵杖

das Nudelholz

開瓶器

der Korkenzieher

罐子

die Dose

開罐器

der Dosenöffner

隔熱手套

der Topflappen

水槽

das Waschbecken

刷子

die Bürste

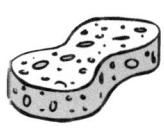

海綿

der Schwamm

攪拌機

der Mixer

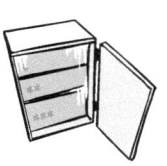

冷藏箱

die Gefriertruhe

奶瓶

die Babyflasche

水龍頭

der Wasserhahn

das Badezimmer

供暖裝置
die Heizung

淋浴
die Dusche

毛巾
das Handtuch

浴簾
der Duschvorhang

泡沫浴
das Schaumbad

浴缸
die Badewanne

玻璃杯
das Glas

洗衣機
die Waschmaschine

水龍頭
der Wasserhahn

瓷磚
die Fliesen

便壺
der Nachttopf

水槽
das Waschbecken

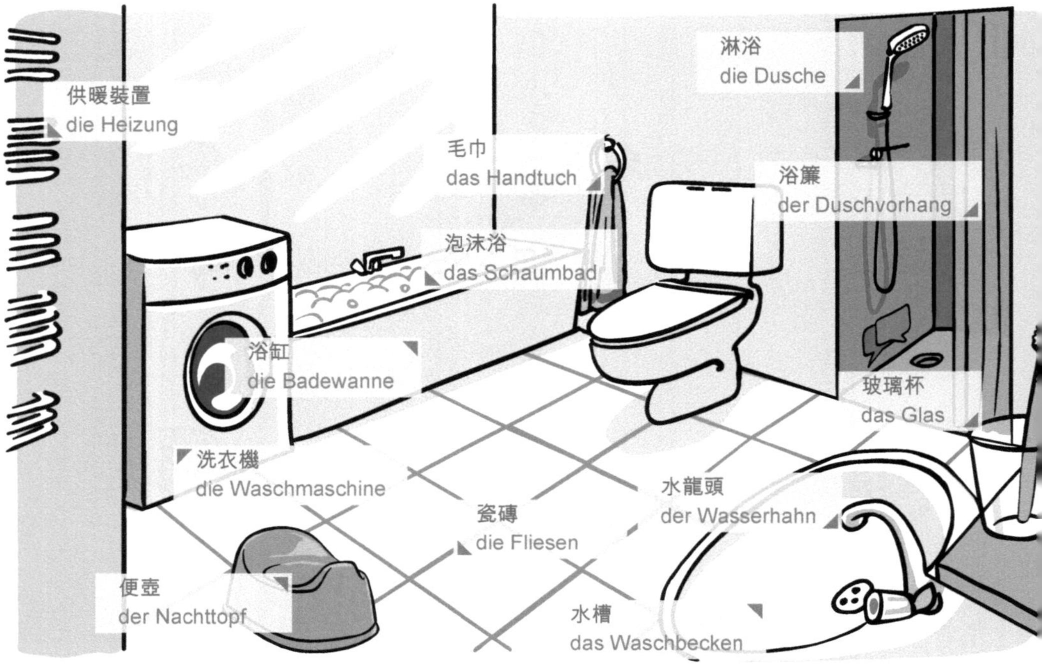

廁所
das Klo

蹲便器
die Hocktoilette

坐浴器
das Bidet

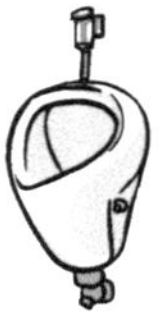

小便斗
das Pissoir

廁紙
das Klopapier

馬桶刷
die Klobürste

牙刷
die Zahnbürste

牙膏
die Zahnpasta

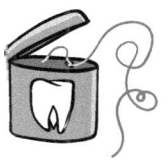

牙線
die Zahnseide

洗
waschen

手持式蓮蓬頭
die Handbrause

沖洗器
die Intimdusche

洗臉盆
die Waschschüssel

洗背刷
die Rückenbürste

肥皂
die Seife

沐浴露
das Duschgel

洗髮乳
das Shampoo

法蘭絨
der Waschlappen

排水
der Abfluss

乳霜
die Creme

除臭劑
das Deodorant

浴室 - das Badezimmer

鏡子

der Spiegel

手鏡

der Kosmetikspiegel

刮鬍刀

der Rasierer

刮鬍泡沫

der Rasierschaum

鬍後水

das Rasierwasser

梳子

der Kamm

刷子

die Bürste

吹風機

der Föhn

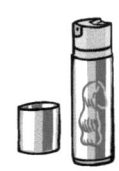

噴髮定型劑

das Haarspray

化妝品

das Makeup

唇膏

der Lippenstift

指甲油

der Nagellack

化妝棉

die Watte

指甲剪

die Nagelschere

香水

das Parfum

洗漱包
der Kulturbeutel

凳子
der Hocker

計重秤
die Waage

浴袍
der Bademantel

橡膠手套
die Gummihandschuhe

衛生棉條
das Tampon

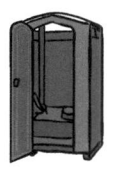

衛生棉
die Damenbinde

化學廁所
die Chemietoilette

das Kinderzimmer

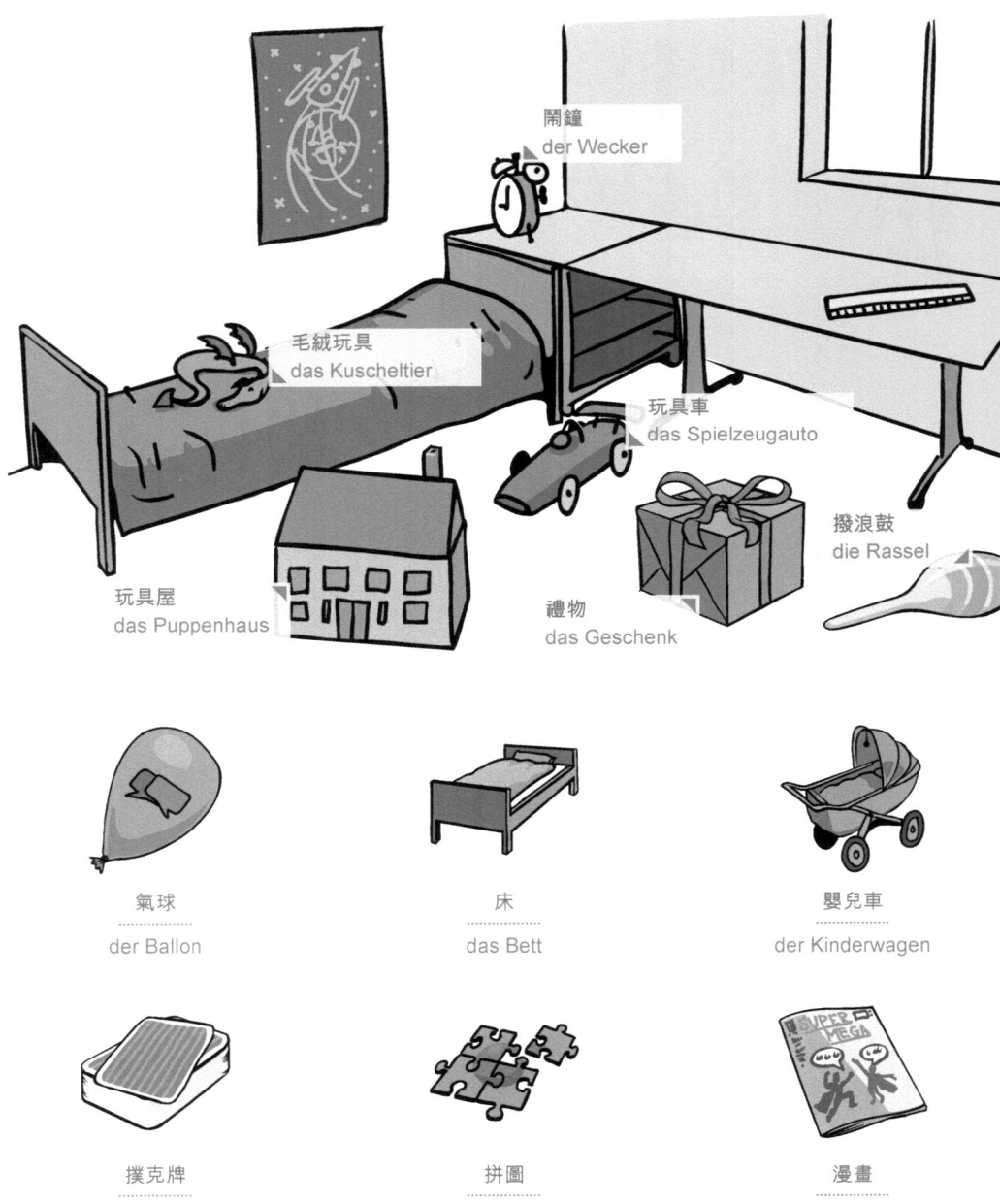

鬧鐘
der Wecker

毛絨玩具
das Kuscheltier

玩具車
das Spielzeugauto

玩具屋
das Puppenhaus

禮物
das Geschenk

撥浪鼓
die Rassel

氣球

der Ballon

床

das Bett

嬰兒車

der Kinderwagen

撲克牌

das Kartenspiel

拼圖

das Puzzle

漫畫

der Comic

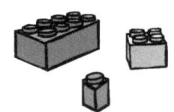

樂高積木

die Legosteine

積木玩具

die Bausteine

公仔

die Actionfigur

嬰兒服

der Strampelanzug

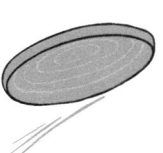

飛盤

das Frisbee

床鈴玩具

das Mobile

棋盤遊戲

das Brettspiel

骰子

der Würfel

火車模型

die Modelleisenbahn

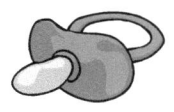

安撫奶嘴

der Schnuller

派對

die Party

繪本

das Bilderbuch

球

der Ball

洋娃娃

die Puppe

玩

spielen

沙坑

der Sandkasten

鞦韆

die Schaukel

玩具

das Spielzeug

電玩遊戲

die Spielkonsole

三輪車

das Dreirad

泰迪熊

der Teddy

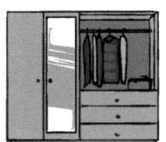

衣櫃

der Kleiderschrank

衣服
die Kleidung

襪子

die Socken

長襪

die Strümpfe

緊身褲

die Strumpfhose

圍巾
der Schal

雨傘
der Regenschirm

皮帶
der Gürtel

T恤
das T-Shirt

運動鞋
die Turnschuhe

靴子
die Stiefel

拖鞋
die Hausschuhe

涼鞋
die Sandalen

鞋
die Schuhe

雨靴
die Gummistiefel

內褲
die Unterhose

胸罩
der Büstenhalter

背心
das Unterhemd

衣服 - die Kleidung

身體
der Body

褲子
die Hose

牛仔褲
die Jeans

短裙
der Rock

女式襯衫
die Bluse

襯衫
das Hemd

套頭衫
der Pullover

連帽上衣
der Kapuzenpullover

西裝夾克
der Blazer

夾克
die Jacke

外套
der Mantel

雨衣
der Regenmantel

套裝
das Kostüm

連衣裙
das Kleid

婚紗
das Hochzeitskleid

西裝

der Anzug

睡袍

das Nachthemd

睡衣

der Pyjama

莎麗

der Sari

頭巾

das Kopftuch

包頭巾

der Turban

波卡

die Burka

卡夫坦

der Kaftan

(阿拉伯式)長袍

die Abaya

泳衣

der Badeanzug

男式泳褲

die Badehose

短褲

die kurze Hose

運動服

der Jogginganzug

圍裙

die Schürze

手套

die Handschuhe

鈕扣

der Knopf

眼鏡

die Brille

手鏈

das Armband

項鍊

die Halskette

戒指

der Ring

耳環

der Ohrring

便帽

die Mütze

衣架

der Kleiderbügel

帽子

der Hut

領帶

die Krawatte

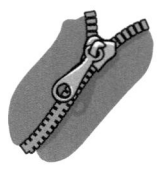

拉鍊

der Reißverschluss

安全帽

der Helm

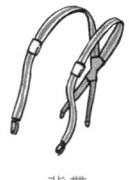

背帶

der Hosenträger

校服

die Schuluniform

制服

die Uniform

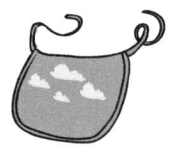

圍兜

das Lätzchen

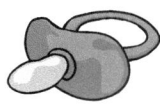

安撫奶嘴

der Schnuller

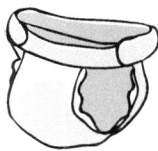

尿布

die Windel

辦公室
das Büro

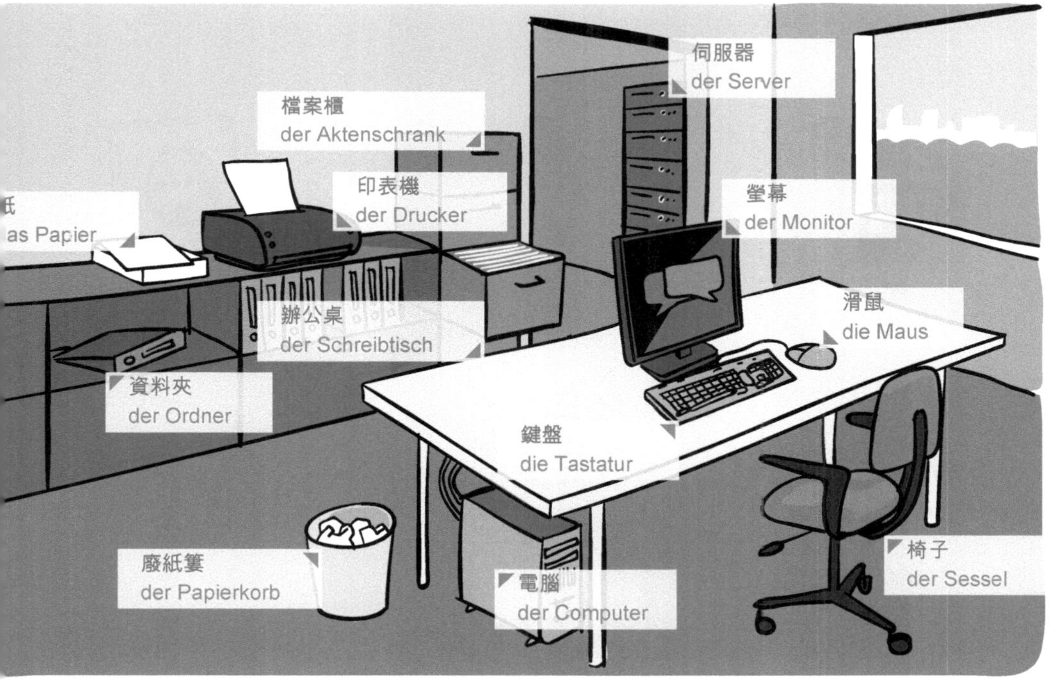
伺服器
der Server
檔案櫃
der Aktenschrank
印表機
der Drucker
as Papier
螢幕
der Monitor
滑鼠
die Maus
辦公桌
der Schreibtisch
資料夾
der Ordner
鍵盤
die Tastatur
廢紙簍
der Papierkorb
電腦
der Computer
椅子
der Sessel

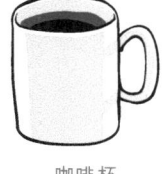

咖啡杯

der Kaffeebecher

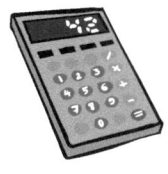

計算機

der Taschenrechner

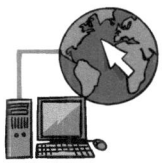

網際網路

das Internet

筆記型電腦
der Laptop

信件
der Brief

簡訊
die Nachricht

行動電話
das Handy

網路
das Netzwerk

影印機
der Kopierer

軟體
die Software

電話
das Telefon

插座
die Steckdose

傳真機
das Fax

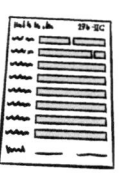

表格
das Formular

檔案
das Dokument

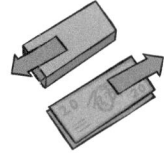

買
kaufen

付錢
bezahlen

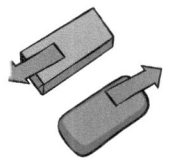

交易
handeln

現金
das Geld

美元
der Dollar

歐元
der Euro

日元
der Yen

盧布
der Rubel

瑞士法郎
der Franken

人民幣
der Renminbi Yuan

盧比
die Rupie

提款處
der Bankomat

外幣兌換處

die Wechselstube

金

das Gold

銀

das Silber

石油

das Öl

能源

die Energie

價格

der Preis

合約

der Vertrag

稅金

die Steuer

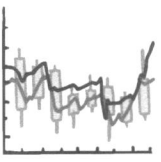

股票

die Aktie

工作

arbeiten

職員

der Angestellte

老闆

der Arbeitgeber

工廠

die Fabrik

商店

das Geschäft

職業

die Berufe

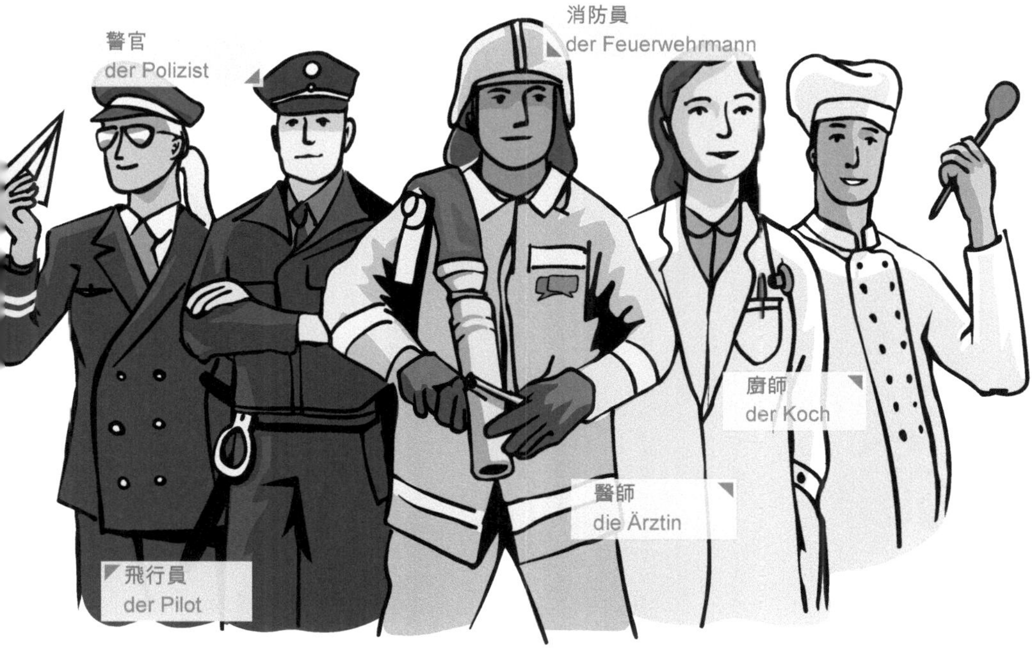
警官
der Polizist
消防員
der Feuerwehrmann
廚師
der Koch
醫師
die Ärztin
飛行員
der Pilot

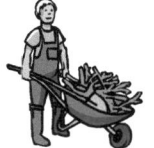

園丁

der Gärtner

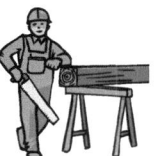

木匠

der Tischler

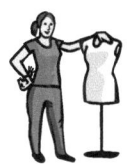

裁縫

die Schneiderin

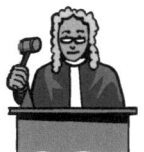

法官

der Richter

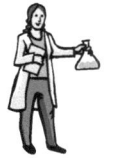

化學家

die Chemikerin

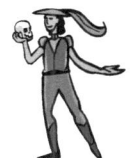

演員

der Schauspieler

公車司機

der Busfahrer

計程車司機

der Taxifahrer

漁夫

der Fischer

清洗女工

die Putzfrau

屋頂工

der Dachdecker

服務生

der Kellner

獵人

der Jäger

畫家

der Maler

麵包師

der Bäcker

電工

der Elektriker

建築工人

der Bauarbeiter

工程師

der Ingenieur

屠夫

der Schlachter

水管工

der Installateur

郵差

die Briefträgerin

士兵

der Soldat

建築師

der Architekt

收銀員

die Kassiererin

花農

die Blumenhändlerin

理髮師

der Friseur

售票員

der Schaffner

機械技師

der Mechaniker

船長

der Kapitän

牙醫

die Zahnärztin

科學家

der Wissenschaftler

拉比

der Rabbi

伊瑪目

der Imam

和尚

der Mönch

牧師

der Pfarrer

die Werkzeuge

鐵錘
der Hammer

鉗子
die Zange

螺絲起子
der Schraubenzieher

扳手
der Schraubenschlüssel

手電筒
die Taschenlan

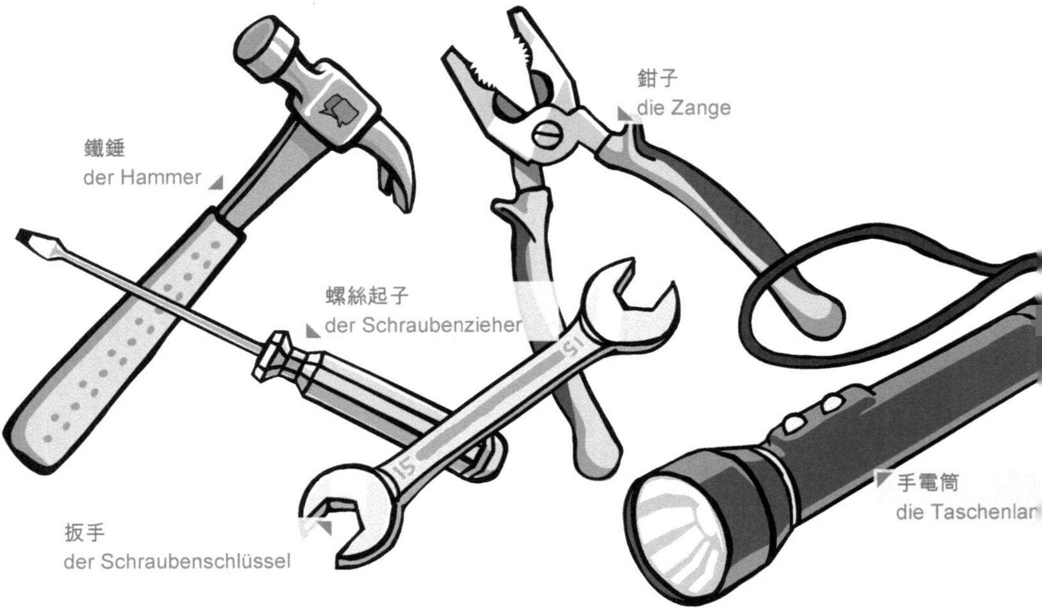

挖掘機

der Bagger

工具箱

der Werkzeugkasten

梯子

die Leiter

鋸子

die Säge

釘子

die Nägel

鑽機

der Bohrer

修
reparieren

鏟子
die Schaufel

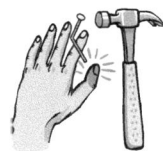

糟糕！
Scheiße!

畚箕
die Kehrschaufel

油漆桶
der Farbtopf

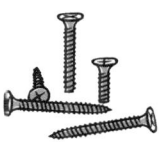

螺絲
die Schrauben

樂器
die Musikinstrumente

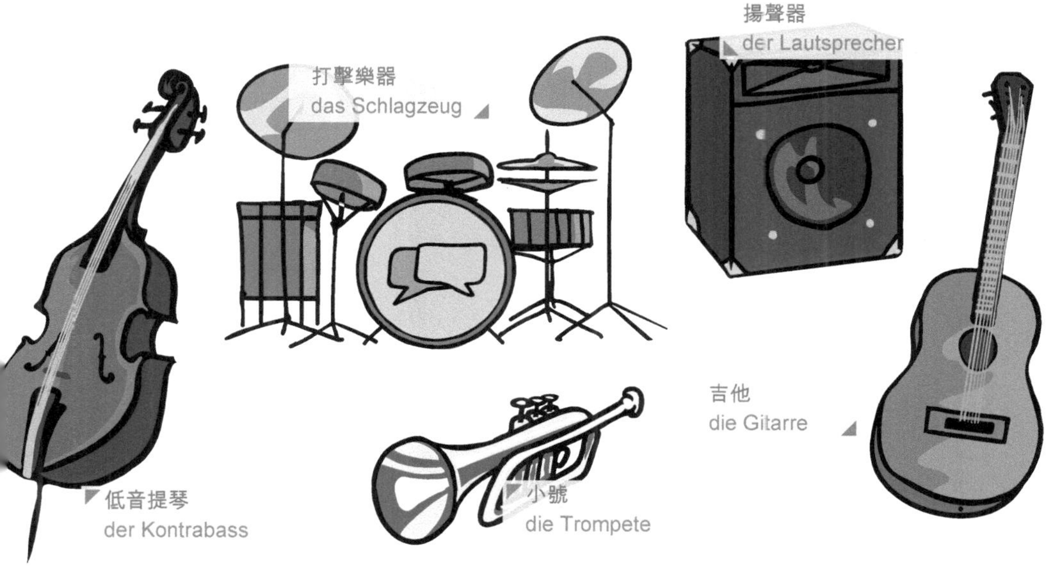

打擊樂器
das Schlagzeug

揚聲器
der Lautsprecher

吉他
die Gitarre

低音提琴
der Kontrabass

小號
die Trompete

鋼琴

das Klavier

小提琴

die Violine

貝斯

der Bass

定音鼓

die Pauke

鼓

die Trommeln

電子琴

die Tastatur

薩克斯風

das Saxophon

長笛

die Flöte

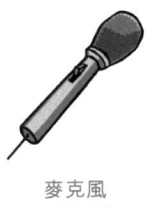

麥克風

das Mikrofon

樂器 － die Musikinstrumente

der Zoo

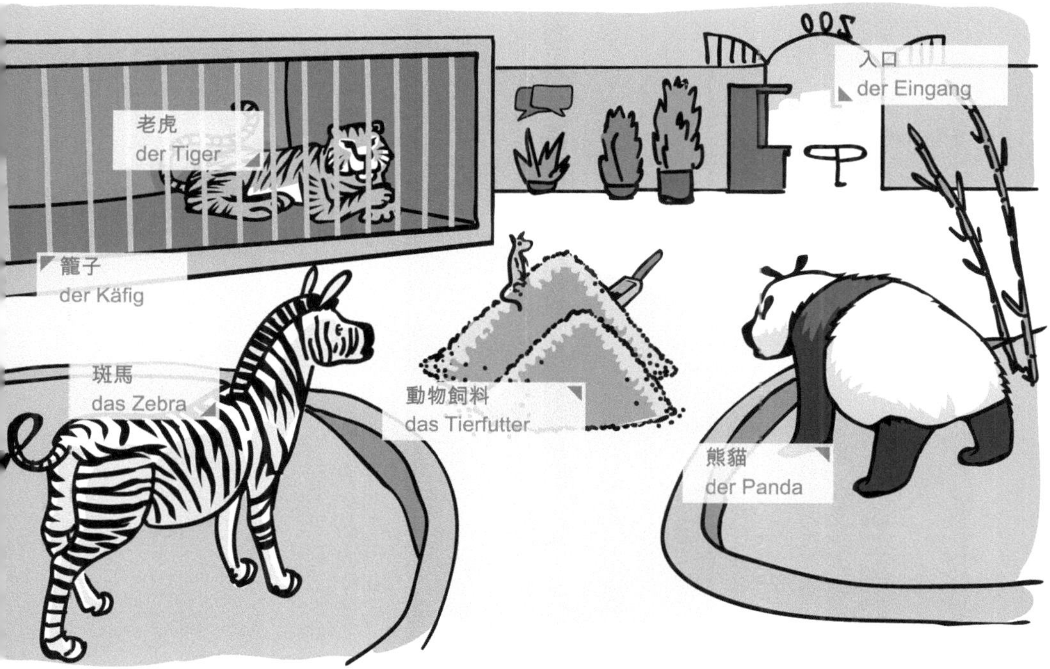
zoo
入口
der Eingang
老虎
der Tiger
籠子
der Käfig
斑馬
das Zebra
動物飼料
das Tierfutter
熊貓
der Panda

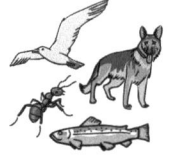

動物
die Tiere

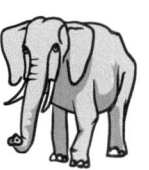

大象
der Elefant

袋鼠
das Känguru

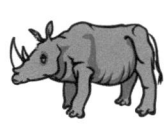

犀牛
das Nashorn

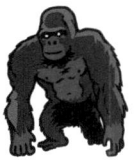

大猩猩
der Gorilla

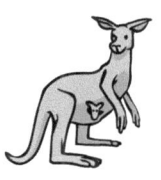

熊
der Bär

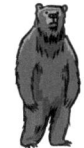

駱駝

das Kamel

鴕鳥

der Strauß

獅子

der Löwe

猴子

der Affe

紅鶴

der Flamingo

鸚鵡

der Papagei

北極熊

der Eisbär

企鵝

der Pinguin

鯊魚

der Hai

孔雀

der Pfau

蛇

die Schlange

鱷魚

das Krokodil

動物園管理員

der Zoowärter

海豹

die Robbe

美洲豹

der Jaguar

矮種馬

das Pony

豹

der Leopard

河馬

das Nilpferd

長頸鹿

die Giraffe

老鷹

der Adler

野豬

das Wildschwein

魚

der Fisch

龜

die Schildkröte

海象

das Walross

狐狸

der Fuchs

羚羊

die Gazelle

橄欖球
das American Football

騎腳踏車
das Radfahren

網球
das Tennis

籃球
der Basketball

游泳
das Schwimmen

拳擊
das Boxen

冰球
das Eishockey

美式足球
der Fußball

羽毛球
das Badminton

田徑
die Leichtathletik

手球
der Handball

滑雪
das Skifahren

馬球
das Polo

跳
springen

擁抱
umarmen

笑
lachen

走路
gehen

唱
singen

做夢
träumen

祈禱
beten

親吻
küssen

書寫
schreiben

畫
zeichnen

展示
zeigen

推
drücken

給
geben

拿
nehmen

有

haben

做

machen

當

sein

站

stehen

跑

laufen

拉

ziehen

丟

werfen

摔倒

fallen

躺

liegen

等待

warten

攜帶

tragen

坐

sitzen

穿衣

anziehen

睡覺

schlafen

醒來

aufwachen

看
ansehen

哭
weinen

擊
streicheln

梳頭
frisieren

交談
reden

明白
verstehen

問
fragen

聽
hören

喝
trinken

吃
essen

清理
zusammenräumen

愛
lieben

做飯
kochen

開車
fahren

飛
fliegen

航行

segeln

計算

rechnen

讀

lesen

學習

lernen

工作

arbeiten

結婚

heiraten

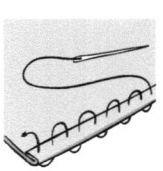

縫

nähen

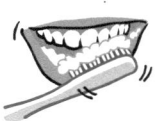

刷牙

Zähne putzen

殺

töten

抽菸

rauchen

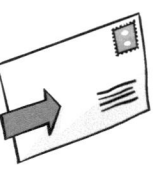

寄

senden

母
Großmutter

▼祖父
der Großvater

父親
der Vater

母親
die Mutter

嬰兒
das Baby

女兒
die Tochter

兒子
der Sohn

客人

der Gast

阿姨

die Tante

叔叔

der Onkel

兄弟

der Bruder

姐妹

die Schwester

der Körper

前額
die Stirn

眼睛
das Auge

肩膀
die Schulter

臉
das Gesicht

手指
der Finger

下巴
das Kinn

手
die Hand

乳房
die Brust

腿
das Bein

手臂
der Arm

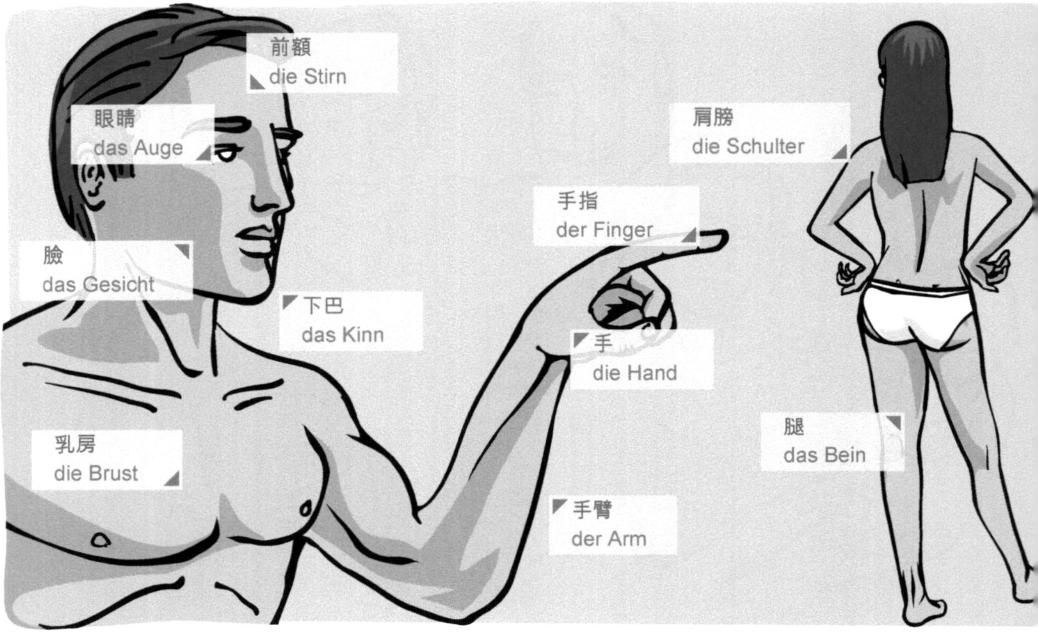

嬰兒

das Baby

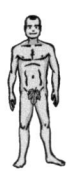

男人

der Mann

女人

die Frau

女孩

das Mädchen

男孩

der Junge

頭

der Kopf

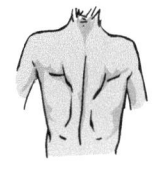

背部

der Rücken

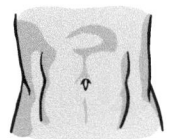

肚子

der Bauch

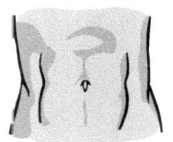

肚臍

der Nabel

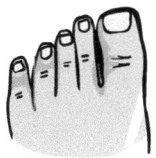

腳趾

der Zeh

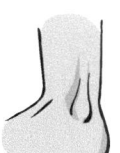

腳後跟

die Ferse

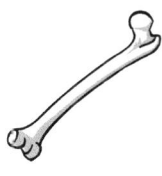

骨頭

der Knochen

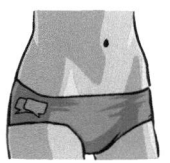

臀部

die Hüfte

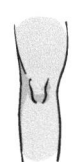

膝蓋

das Knie

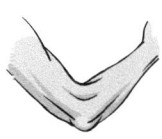

手肘

der Ellbogen

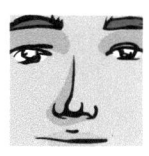

鼻子

die Nase

屁股

das Gesäß

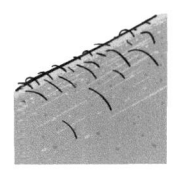

皮膚

die Haut

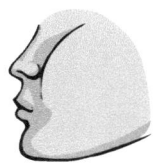

臉頰

die Wange

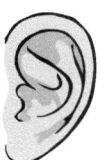

耳朵

das Ohr

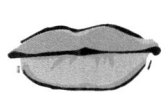

嘴唇

die Lippe

嘴

der Mund

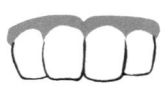

牙齒

der Zahn

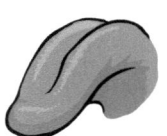

舌頭

die Zunge

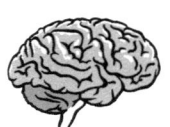

腦

das Gehirn

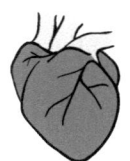

心臟

das Herz

肌肉

der Muskel

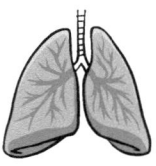

肺

die Lunge

肝臟

die Leber

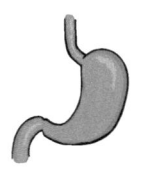

胃

der Magen

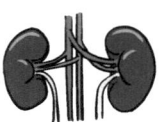

腎臟

die Nieren

性交

der Geschlechtsverkehr

保險套

das Kondom

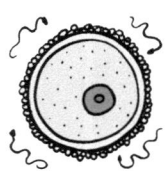

卵子

die Eizelle

精子

das Sperma

懷孕

die Schwangerschaft

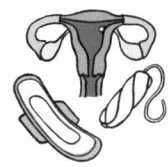

月事
die Menstruation

陰道
die Vagina

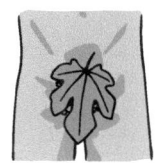

陰莖
der Penis

眉毛
die Augenbraue

頭髮
das Haar

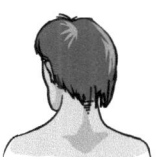

脖子
der Hals

身體 - der Körper

醫院

das Spital

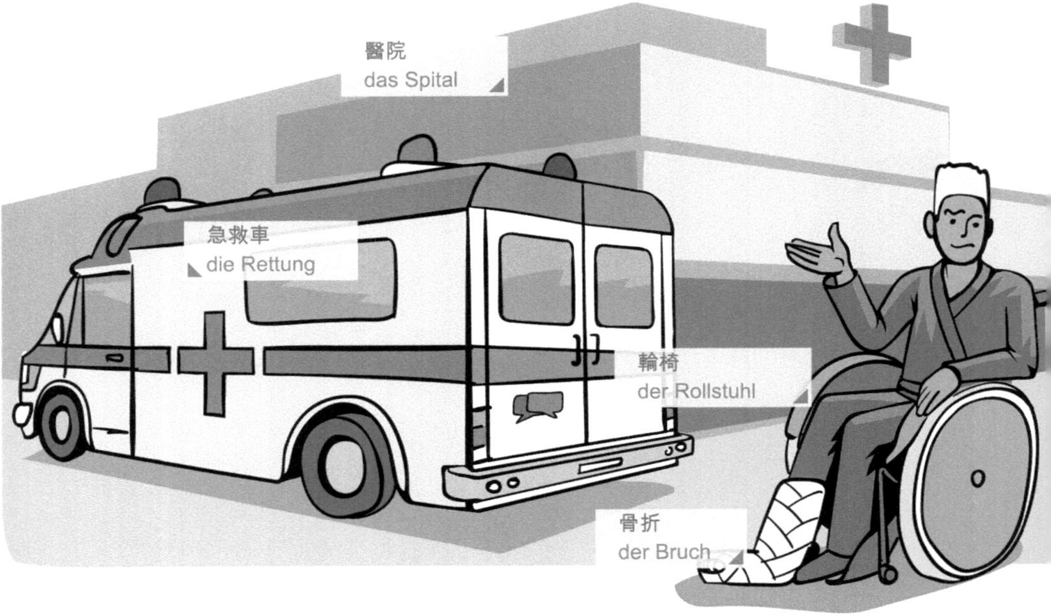

醫院
das Spital
急救車
die Rettung
輪椅
der Rollstuhl
骨折
der Bruch

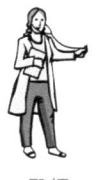

醫師

die Ärztin

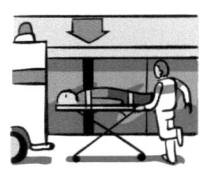

急診室

die Notaufnahme

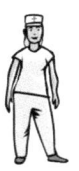

護理師

die Krankenschwester

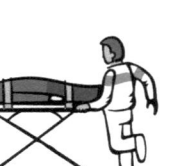

緊急情形

der Notfall

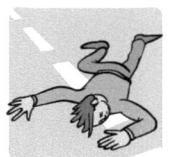

昏迷

ohnmächtig

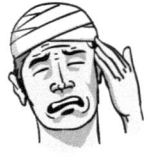

痛

der Schmerz

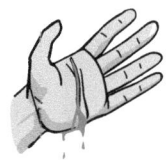

受傷

die Verletzung

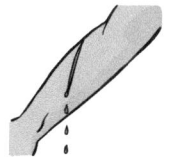

出血

die Blutung

心臟病發作

der Herzinfarkt

中風

der Schlaganfall

過敏

die Allergie

咳嗽

der Husten

發燒

das Fieber

流感

die Grippe

腹瀉

der Durchfall

頭痛

die Kopfschmerzen

癌症

der Krebs

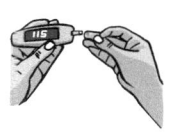

糖尿病

die Diabetes

外科醫師

der Chirurg

手術刀

das Skalpell

手術

die Operation

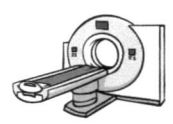

電腦斷層掃描

das CT

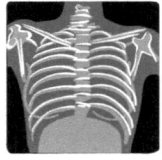

X光

das Röntgen

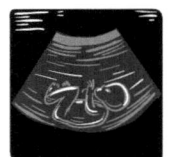

超音波

der Ultraschall

口罩

die Maske

疾病

die Krankheit

候診室

das Wartezimmer

拐杖

die Krücke

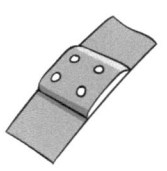

石膏

das Pflaster

繃帶

der Verband

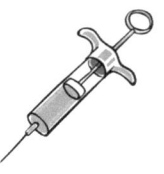

注射

die Injektion

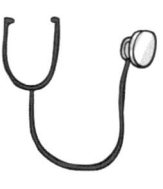

聽診器

das Stethoskop

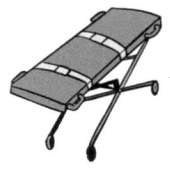

擔架

die Trage

體溫計

das Thermometer

出生

die Geburt

超重

das Übergewicht

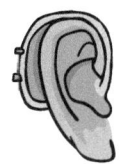

助聽器

das Hörgerät

消毒液

das Desinfektionsmittel

感染

die Infektion

病毒

das Virus

愛滋病

das HIV / AIDS

藥物

die Medizin

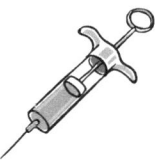

接種疫苗

d e Impfung

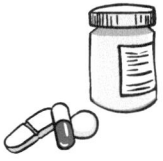

藥片

die Tabletten

藥丸

die Pille

急救電話

der Notruf

血壓計

der Blutdruckmesser

生病/健康

 krank / gesund

警報

der Alarm

突擊

der Überfall

救命！

Hilfe!

攻擊

der Angriff

危險

die Gefahr

緊急出口

der Notausgang

失火了！

Feuer!

滅火器

der Feuerlöscher

意外

der Unfall

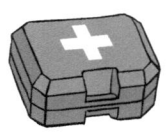

急救箱

der Erste-Hilfe-Koffer

呼救訊號

SOS

員警

die Polizei

歐洲

das Europa

北美洲

das Nordamerika

南美洲

das Südamerika

非洲

das Afrika

亞洲

das Asien

澳洲

das Australien

大西洋

der Atlantik

太平洋

der Pazifik

印度洋

der Indische Ozean

南冰洋

der Artarktische Ozean

北冰洋

der Arktische Ozean

北極

der Nordpol

南極
der Südpol

南極洲
die Antarktis

地球
die Erde

陸地
das Land

海
das Meer

島
die Insel

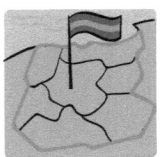

國家
die Nation

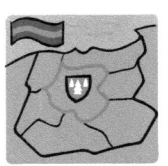

州
der Staat

錶盤

das Ziffernblatt

時針

der Stundenzeiger

分針

der Minutenzeiger

秒針

der Sekundenzeiger

現在幾點？

Wie spät ist es?

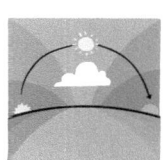

天

der Tag

時間

die Zeit

現在

jetzt

電子錶

die Digitaluhr

分

die Minute

時

die Stunde

週

die Woche

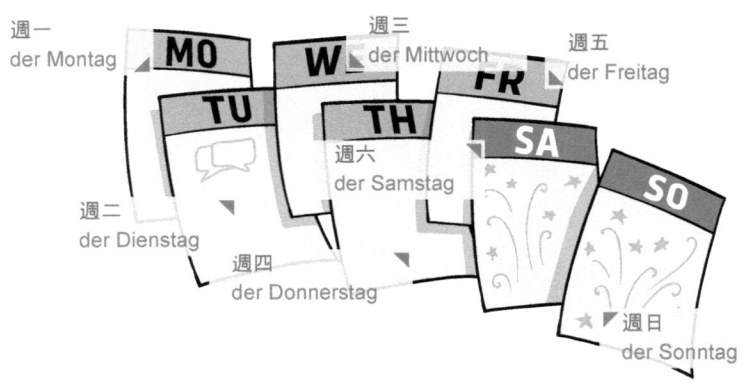

週一
der Montag

週三
der Mittwoch

週五
der Freitag

週二
der Dienstag

週六
der Samstag

週四
der Donnerstag

週日
der Sonntag

昨天
gestern

今天
heute

明天
morgen

早晨
der Morgen

中午
der Mittag

晚上
der Abend

工作日
die Arbeitstage

週末
das Wochenende

雨
▶ der Regen

彩虹
der Regenbogen

雪
der Schnee

風
der Wind

春
der Frühling

秋
der Herbst

夏
der Sommer

冬
der Winter

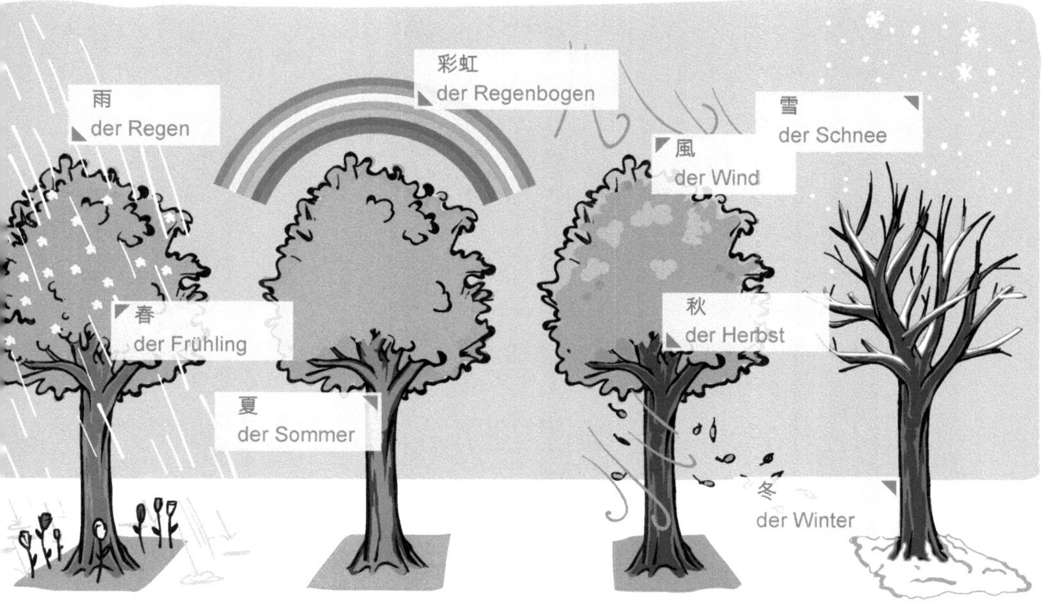

天氣預告

die Wettervorhersage

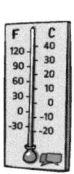

溫度計

das Thermometer

陽光

der Sonnenschein

雲

die Wolke

霧

der Nebel

潮濕

die Luftfeuchtigkeit

閃電

der Blitz

打雷

der Donner

風暴

der Sturm

冰雹

der Hagel

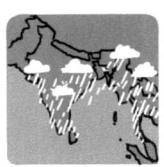

季風

der Monsun

洪水

die Flut

冰

das Eis

一月

der Jänner

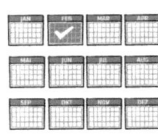

二月

der Februar

三月

der März

四月

der April

五月

der Mai

六月

der Juni

七月

der Juli

八月

der August

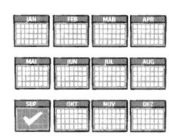

九月

der September

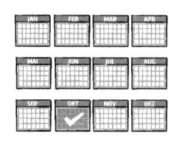

十月

der Oktober

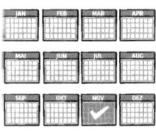

十一月

der November

十二月

der Dezember

形狀
die Formen

圓形

der Kreis

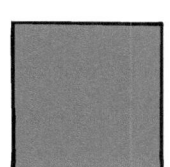

正方形

das Quadrat

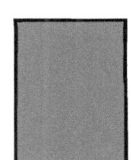

長方形

das Rechteck

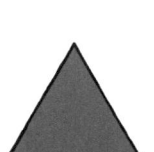

三角形

das Dreieck

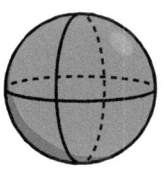

球體

die Kugel

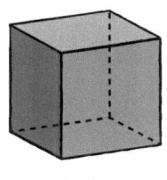

立方體

der Würfel

白

weiß

黃

gelb

橙

orange

粉

pink

紅

rot

紫

lila

藍

blau

綠

grün

棕

braun

灰

grau

黑

schwarz

很多/少許

viel / wenig

生氣/平靜

wütend / friedlich

美/醜

hübsch / hässlich

首/尾

der Anfang / das Ende

大/小

groß / klein

明/暗

hell / dunkel

兄弟/姐妹

er Bruder / die Schwester

乾淨/骯髒

sauber / schmutzig

完整/缺失

vollständig / unvollständig

白天/晚上

der Tag / die Nacht

死/生

tot / lebendig

寬/窄

breit / schmal

可食用/非食用

genießbar / ungenießbar

邪惡/善良

böse / freundlich

興奮/無聊

aufgeregt / gelangweilt

胖/瘦

dick / dünn

第一/最後

zuerst / zuletzt

朋友/敵人

der Freund / der Feind

滿/空

voll / leer

硬/軟

hart / weich

重/輕

schwer / leicht

餓/渴

der Hunger / der Durst

生病/健康

krank / gesund

非法/合法

illegal / legal

聰明/愚笨

gescheit / dumm

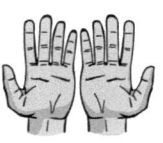

左/右

links / rechts

近/遠

nah / fern

新/舊
....
neu / gebraucht

沒有/有些
....
nichts / etwas

老/幼
....
alt / jung

開/關
....
an / aus

打開/闔上
....
offen / geschlossen

安靜/吵鬧
....
leise / laut

富/窮
....
reich / arm

對/錯
....
richtig / falsch

粗糙/光滑
....
rau / glatt

傷心/高興
....
traurig / glücklich

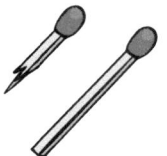

短/長
....
kurz / lang

慢/快
....
langsam / schnell

濕/乾
....
nass / trocken

溫暖/涼爽
....
warm / kühl

戰爭/和平
....
der Krieg / der Frieden

反義詞 - die Gegenteile

數字

die Zahlen

0

零
....

null

1

一
....

eins

2

二
....

zwei

3

三
....

drei

4

四
....

vier

5

五
....

fünf

6

六
....

sechs

7

七
....

sieben

8

八
....

acht

9

九
....

neun

10

十
....

zehn

11

十一
....

elf

12

十二

zwölf

13

十三

dreizehn

14

十四

vierzehn

15

十五

fünfzehn

16

十六

sechzehn

17

十七

siebzehn

18

十八

achtzehn

19

十九

neunzehn

20

二十

zwanzig

100

百

hundert

1.000

千

tausend

1.000.000

百萬

Million

語言

die Sprachen

英語
Englisch

美式英語
Amerikanisches Englisch

普通話
Chinesisch (Mandarin)

印地語
Hindi

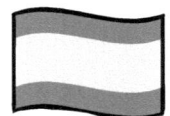
西班牙語
Spanisch

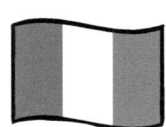
法語
Französisch

阿拉伯語
Arabisch

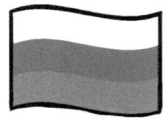
俄語
Russisch

葡萄牙語
Portugiesisch

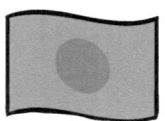
孟加拉語
Bengalisch

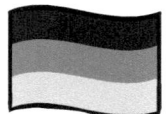
德語
Deutsch

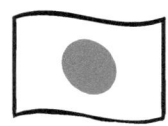
日語
Japanisch

我

ich

你

du

他/她/它

er / sie / es

我們

wir

你們

ihr

他們

sie

誰？

Wer?

什麼？

Was?

如何？

Wie?

何處？

Wo?

何時？

Wann?

名字

Name

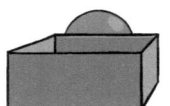

後面

hinter

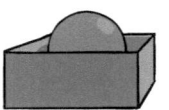

裡面

in

前面

vor

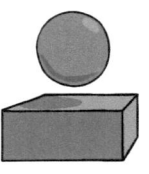

上方

über

上面

auf

下麵

unter

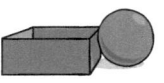

旁邊

neben

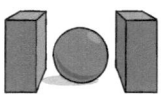

中間

zwischen

地點

der Ort